누가 숲을 사라지게 했을까?

와이즈만 환경과학 그림책은 우리 환경, 푸른 지구를 지켜 나가는 길을 함께 찾아가는 시리즈입니다.

와이즈만 환경과학 그림책 ❸
누가 숲을 사라지게 했을까?

1판 1쇄 발행 | 2013년 5월 3일
1판 16쇄 발행 | 2024년 12월 13일

임선아 글·그림 | 와이즈만 영재교육연구소 감수
발행처 | 와이즈만 BOOKs
발행인 | 염만숙
출판사업본부장 | 김현정
편집 | 양다운 이지웅
디자인 | 디자인 PURE
마케팅 | 강윤현 백미영 장하라

출판등록 | 1998년 7월 23일 제1998-000170
제조국 | 대한민국
사용 연령 | 5세 이상
주소 | 서울특별시 서초구 남부순환로 2219 나노빌딩 5층
전화 | 마케팅 02-2033-8987 편집 02-2033-8928
팩스 | 02-3474-1411
전자우편 | books@askwhy.co.kr
홈페이지 | mindalive.co.kr

저작권자 ⓒ 2013 임선아
이 책의 저작권은 임선아에게 있습니다.
저자와 출판사의 허락 없이 내용의 일부를 인용하거나 발췌하는 것을 금합니다.

*와이즈만 BOOKs는 (주)창의와탐구의 출판 브랜드입니다.
*잘못된 책은 구입처에서 바꿔 드립니다.

누가 숲을 사라지게 했을까?

임선아 글·그림 | 와이즈만 영재교육연구소 감수

와이즈만 BOOKs

숲은 아주아주 커다란 집이야.
신기하고 놀라운 생명들이 사는 집.
숲에 가면 노란 꽃이 핀 히어리*와
솜털 보송보송한 솜다리*를 볼 수 있어.
숨바꼭질하는 너구리, 밤을 기다리는 올빼미,
도토리를 먹는 다람쥐도 보일 거야.
호랑이는 만나기 어렵지만
고라니나 반달곰과 마주칠지도 모르지.
숲은 이 모두에게 맛있는 밥상이고
재미있는 놀이터이며 포근한 이불이야.

숲은 아주아주 넉넉한 선물 상자야.
숲에선 온갖 나물과 나무 열매를 얻을 수 있어.
숲 속의 나무는 이산화탄소를 흡수해서 산소를 만들어.
또 빗물을 저장했다가 조금씩 흘려보내서
홍수와 가뭄을 조절해 주지.
그뿐이 아니야.
종이가 되기도 하고, 우리가 사는 집이 되기도 해.

그런데 이런 숲이 점점 사라지고 있어.

숲이 사라지면 많은 문제가 생겨.
사막이 점점 넓어지고 동물들도 사라져 버려.
나무가 없으니까 홍수와 가뭄, 산사태도 쉽게 일어나.
햇빛과 이산화탄소를 흡수하지 못해
지구는 점점 더 뜨거워져.

그런데 그거 아니?
숲이 사라진 것은 바로 우리 때문이야.

왜 우리 때문이지?

**숲이 사라지는 것은
우리가 쓰고 있는 나무젓가락 때문이야.**

나무가 굵어지려면 20년이 넘게 걸리지만
나무젓가락을 쓰고 버리는 데는 한 시간도 안 걸려.
우리나라 사람이 1년 동안 사용하는
나무젓가락만 약 25억 개야.
얼마나 많은지 모르겠다고?
남산만 한 숲이 26개나 사라지는 것과 같아.
나무젓가락을 만들려고 숲의 나무를 베어 내고 있어.

숲의 흙은 스펀지 같아서
비가 오면 물을 흠뻑 머금었다가 조금씩 흘려보내.
땅속으로 뻗은 나무뿌리는
흙이 비바람에 쓸려 내려가지 않게 꽉 붙잡아 줘.
또 뿌리로 빨아들인 물은 잎을 통해 수증기가 되어
공기 중으로 날아가지.
수증기가 많아지면 구름이 만들어지고,
구름은 다시 비를 뿌려 숲이 잘 자라게 해.
그런데 나무가 잘려 나가고 숲이 사라져
물과 공기가 제대로 순환하지 않으면 땅은 점점 메말라 가.
게다가 가축이 남은 풀마저 뜯어먹으면
땅은 모래바람이 부는 사막으로 변하지.

숲이 사라지는 것은
우리가 헤프게 쓴 공책 때문이야.

공책은 종이고, 종이는 나무로 만들어져.
책, 스케치북, 색종이, 종이컵,
보송보송한 화장지도 종이지.
한 사람이 1년 동안 사용하는 종이를 모으면
큰 방을 가득 채울 만큼 많아.
그럼 전 세계가 하루에 사용하는 종이는 얼마나 많을까?
화장지로 만들어 이으면 달까지 200번이나 왕복할 정도야.
이 많은 종이를 만들려고 숲의 나무를 베어 내고 있어.

북쪽 추운 지방에는 넓은 숲이 있어.
잎이 뾰족한 나무가 많은 이 숲은 '아한대림*'이라고 해.
아한대림의 나무는 추위를 이겨 내면서 아주 더디게 자라지.
그런데 종이를 만들기 위해
큰 나무들을 마구 베어 내면 어떻게 될까?

큰 나무가 없으면 어린 식물들은 매서운 바람, 거센 비,
우박을 피할 수 없어서 잘 자랄 수 없어.
그러면 이 숲은 영영 사라질지도 몰라.

숲이 사라지는 것은
우리가 사는 새 휴대폰 때문이야.

사람들은 고장 나지 않아도
새 휴대폰을 보면 사고 싶어 해.
작고 편리한 휴대폰을 만들려면
'콜탄*'이라는 광석이 필요한데
콜탄은 숲 아래 땅속에 묻혀 있어.
그러니 숲의 나무를 마구 베어 낼 수밖에.

휴대폰은 콜탄 덕분에
손안에 쏙 들어갈 만큼 작아지고 성능은 더 좋아졌어.
콜탄은 게임기와 텔레비전 같은 전자제품에도 꼭 필요해.
그러니 콜탄을 팔아 큰돈을 벌려는 사람들이 숲을 가만 두겠어?
서로 차지하려고 숲에 몰려와 싸우기도 했지.
그 틈에 애꿎은 고릴라들까지 피해를 보고 있어.
콜탄을 캐기 위해 몰려든 사람들이
고릴라를 붙잡아 팔거나 잡아먹기도 했거든.
남아 있는 고릴라들은 숲이 사라져 먹이를 구하기도 어려워졌어.
숲과 함께 고릴라도 사라질지 몰라.

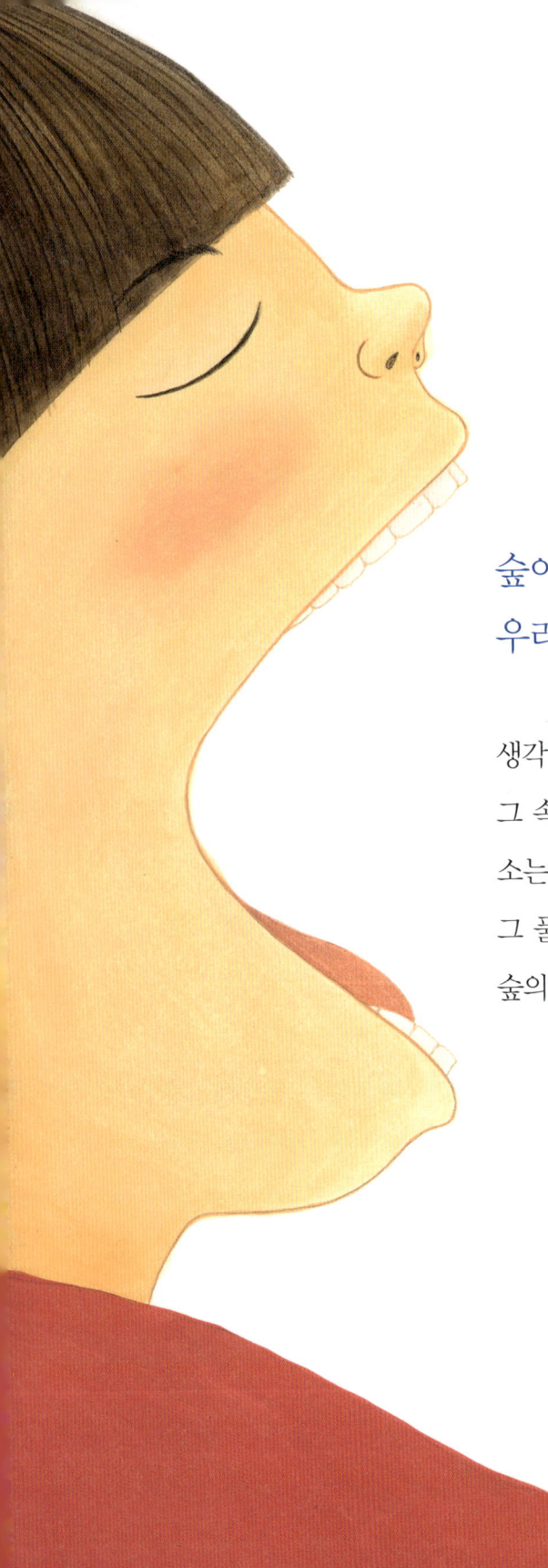

숲이 사라지는 것은
우리가 먹는 햄버거 때문이야.

생각만 해도 입에 침이 고이는 햄버거.
그 속엔 소고기가 들어가지.
소는 너른 풀밭에서 자라고
그 풀밭을 만들기 위해
숲의 나무를 베고 있어.

햄버거가 많이 팔릴수록 소고기가 더 필요해.
소를 많이 키우려면 풀이 자랄 땅이 있어야지.
풀과 콩을 심어 축사에서 키우는 소에게 먹여야 하니
더 넓은 땅이 있어야 해.
그래서 지금도 숲의 나무를 베고 불을 지르고 있어.
우리가 햄버거 한 개를 먹으면
화장실 크기의 숲이 사라지는 거야.
숲이 사라지는 게 뭐 그리 큰일이냐고?

숲이 사라지는 것은
우리가 좋아하는 과자 때문이야.

달달한 과자 맛을 내려면
설탕과 옥수수 전분이 들어가야 해.
초콜릿, 아이스크림, 빵, 햄, 주스, 탄산음료에도
설탕과 옥수수 전분이 들어가.
사탕수수와 옥수수를 재배하려고
숲의 나무를 베어 내고 있어.

사탕수수와 옥수수는 단맛을 내는 것 말고도
석유 대신 쓸 수 있는 연료로도 만들 수 있어.
그래서 사람들은 숲을 없애고
사탕수수와 옥수수를 더 많이 심고 싶었지.
사탕수수밭과 옥수수밭이 늘어날수록
숲은 점점 줄어들고 있어.
그러니 숲과 어울려 살던 원주민들은
그 땅에서 쫓겨나 떠돌이 생활을 할 수밖에.

숲이 사라지는 것은
우리가 먹는 새우튀김 때문이야.

사람들이 좋아하는 새우 요리는 정말 많아.
그래서 새우를 많이 키우려고
숲의 나무를 베고 양식장을 만들어.
새우는 물에 사는데 왜 숲의 나무를 베어 낼까?
새우 양식장은 강물과 바닷물이 만나는 해안가에 많아.
그런데 바로 그곳에 '맹그로브 숲*'이 있거든.

맹그로브 숲은 파도에 모래가 쓸려 가는 것을 막아 주고
육지에서 흘러오는 더러운 물을 깨끗하게 만들어 줘.
모든 생물에게 꼭 필요한 산소도 아주 많이 뿜어 내지.
맹그로브 숲은 수많은 동물이 살아가는 터전이기도 해.
나무 위에는 원숭이와 도마뱀과 새들이 살고
그 아래를 악어와 호랑이가 어슬렁거려.
물속에 잠긴 뿌리 주변에는 새우와 게, 물고기가 알을 낳지.
그런데 숲에 새우 양식장이 생겨서 동물들은 살 곳을 잃어 버렸어.
양식장에서 쓰는 항생제와 화학비료 때문에 물도 더러워졌지.
방파제 역할을 하던 해안가 숲이 사라지자,
큰 파도가 육지를 덮쳐 사람들이 죽기도 했어.

숲이 사라지는 것은
우리가 자주 먹는 라면 때문이야.

팜유라고 들어 보았니?
라면의 면을 튀길 때 사용하는 기름이야.
팜유는 기름야자 나무의 열매에서 짜내.
라면 말고도 과자, 빵,
비누와 화장품을 만들 때도 사용해.
기름야자 나무는 쓸모가 아주 많아.

사람들은 팜유를 얻으려고
숲이 있던 곳에 기름야자 나무만 심어 농장을 만들었어.
나무를 심어 농장을 만들면 좋은 게 아니냐고?
한 종류의 나무만 심으면 병충해에 약해져
독한 농약과 화학 비료를 뿌려야 해.
농장의 땅은 오염되어 다른 식물이 자랄 수 없지.
동물들도 마찬가지야.
이 숲에 살던 오랑우탄도 살 곳을 잃고
해마다 5,000여 마리가 죽어 가고 있어.

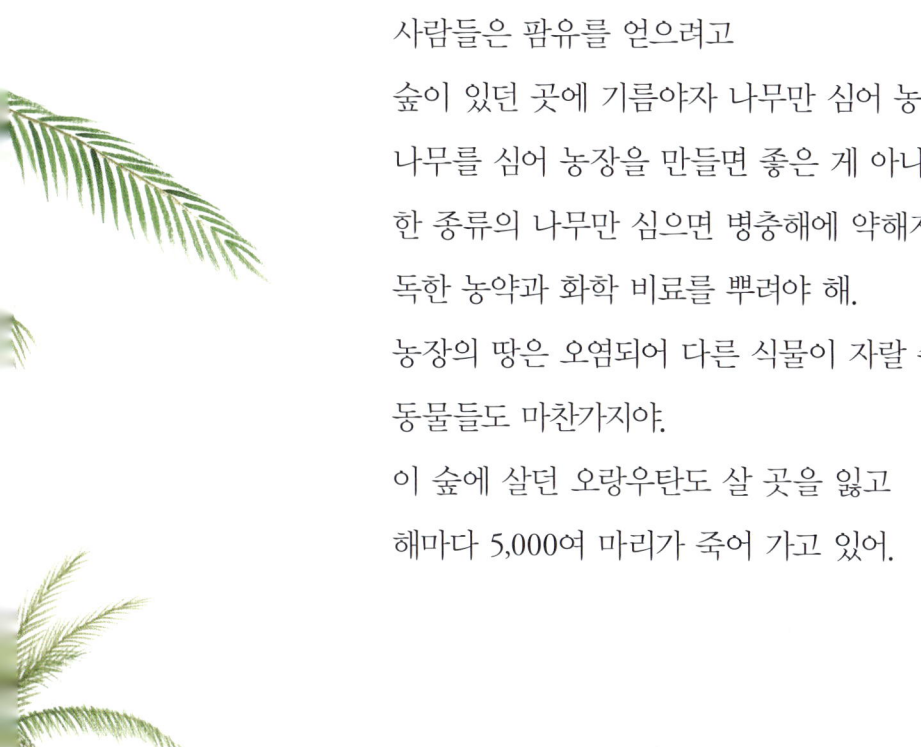

우리는 많이 먹고 더 편리하게 생활하려고
나무를 마구 베고 태워 숲을 없애고 있어.
그런데도 숲은 아무 말 없이 잠잠히 있는 것처럼 보여.
정말 그럴까?
최근 50년 사이 전 세계의 3분의 1이나 되는 숲이 사라지고
그 속에 살던 수많은 생명이 사라졌는데도?

숲은 숲에 사는 모든 생명과 이어져 있어.
사람들과도 이어져 있지.
그런데 사람들은 그걸 자꾸 잊는 것 같아.
이러다 숲이 모두 사라지면 어떻게 하지?

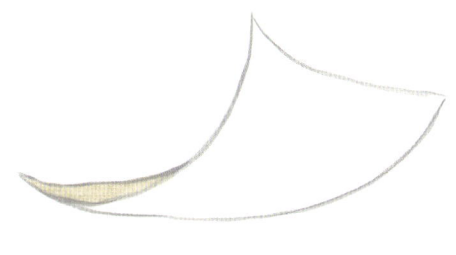

그래도 아직 희망이 있어.
숲의 소중함을 아는
네가 있으니까.

어려운 낱말 풀이

히어리와 솜다리

히어리와 솜다리는 우리나라 고유의 꽃이에요. 히어리는 지리산, 백운산, 조계산 산기슭이나 골짜기에서 살고, 추위에 강해서 이른 봄에 볼 수 있어요. 잎보다 꽃이 먼저 피는데, 작고 노란색 꽃이 모여 만드는 꽃차례가 아주 예쁘답니다.

솜다리는 잎에 흰 털이 많아 '솜다리' 라고 불러요. 한라산, 설악산, 금강산에서 살고 봄부터 가을까지 예쁜 꽃을 볼 수 있어요. 어린순은 나물로 먹기도 하지만, 우리나라에서 멸종 위기 야생 식물로 지정해 보호하고 있기 때문에 솜다리를 보더라도 꺾으면 안 돼요.

▲히어리

▲솜다리

아한대림(亞寒帶林)

북극과 가까운 아시아 북쪽과 북아메리카의 추운 지역에 있는 숲을 말해요. 러시아와 캐나다에 가장 넓은 아한대림이 있어요. 이 숲의 나무들은 가문비나무, 낙엽송 등 잎이 뾰족하고 사계절 내내 푸른 침엽수예요. 잎이 뾰족한 이유는 햇빛을 적게 받아도, 찬바람이 세게 불어도, 물이 적어도 살 수 있기 때문이에요. 그래도 따뜻한 지역의 나무보다는 매우 천천히 자라기 때문에, 차가운 바람과 눈을 견뎌 내고 크게 자란 아한대림의 나무들은 아주 오래된 나무들이에요. 아한대림의 나무들은 한번 베어 내면 숲이 다시 만들어지기까지 어마어마한 시간이 걸려요. 세계의 환경 단체들이 아한대림을 보호하기 위해 노력하고 있지만, 우리가 종이나 휴지 등을 끊임없이 낭비한다면 결국 아한대림은 사라질 거예요.

▼아한대림

콜탄

콜탄은 휴대 전화를 비롯해 핵심 전자·의료기기를 만드는 데 꼭 필요한 원료예요. 콩고 카후지비에 국립 공원에는 전 세계에서 가장 많은 양의 콜탄이 묻혀 있어요. 우리가 휴대 전화를 사용하기 시작한 것은 15년쯤밖에 되지 않아요. 그런데 콜탄이 많이 묻혀 있는 카후지비에 국립 공원은 15년 동안 어떻게 되었을까요? 콩고의 사람들은 어른과 아이 할 것 없이 콜탄을 캐는 데 내몰렸어요. 그리고 사람들은 국립 공원의 나무를 베어 내고 야생 동물을 마구 사냥을 했지요. 그 결과 1996년 350마리였던 코끼리는 2000년에 단 2마리만 남았고, 1996년 280마리였던 고릴라는 2011년 2마리만 남고 말았어요. 우리가 휴대 전화를 자주 바꾸면 국립 공원의 고릴라는 그림책에서만 볼 수 있게 될 거예요.

▼카후지비에 국립 공원 고릴라

▼카후지비에 국립 공원

▲ 맹그로브 숲

맹그로브 숲

맹그로브는 바다에서도 뿌리를 내리는 독특한 모양의 식물이에요.

대부분의 식물들은 바다의 소금 때문에 금방 죽어 버리지만 맹그로브는 다르지요.

맹그로브는 짠 바닷물에서도 숲을 이루고 있어요. 바로 물 위로 올라온 뿌리로

숨을 쉬기 때문이에요. 그리고 또 한 가지 새끼를 낳기 때문이에요.

나무가 어떻게 새끼를 낳느냐고요? 물론 동물처럼 새끼를 낳지는 않아요.

나뭇가지의 가장자리에서 자란 새끼 나무가 바다 위에 떨어져 배처럼 물 위를

떠다니다 땅에 닿으면 재빨리 뿌리를 내리는 거지요. 정말 신기하지요?

이렇게 만들어진 맹그로브 숲에는 어디에서도 볼 수 없는 생태 환경이 있어요.

그뿐 아니라 뿌리와 가지는 파도에 땅이 쓸려 가는 것을 막아 줘요.

2004년 쓰나미가 스리랑카의 두 마을을 덮쳤을 때 맹그로브가 무성하게 자란

마을에서는 2명이 죽었지만, 맹그로브가 없는 마을에서는 6,000명이

목숨을 잃었대요. 맹그로브 숲은 세계의 큰 숲들에 비하면 아주 작아요.

하지만 탄소 저장 능력이 뛰어나 사라지면 안 되는 중요한 숲이랍니다.

작가의 말

숲을 살리는 습관 만들기

여러분은 이 책을 읽으면서 우리의 작은 습관 하나가 거대한 숲 전체를 죽일 수도, 살릴 수도 있다는 데에 놀랐을 거예요.
저도 이 책을 쓰기 전까지 햄버거와 과자를 즐겨 먹고 나무젓가락 같은 일회용품도 즐겨 썼어요. 그런데 그런 것들이 숲을 사라지게 만드는 원인이라는 걸 알게 되고는 너무 놀랐지요. 아무 생각 없이 습관처럼 하는 행동이 이렇게 끔찍한 결과를 낳다니……. 그 후로 고민하게 되었어요. '숲을 살리려면 어떤 습관을 고치고 새롭게 익혀야 할까' 하고요. 그래서 숲을 살리는 방법을 하나하나 찾아내고 정리해 벽에 딱 붙여 놓았어요.
어때요? 여러분도 할 수 있을 만큼 쉽지요? 하지만 끈기가 필요한 일이에요. 습관이 되어야 하니까요. 여러분도 저처럼 숲을 살리는 습관을 한번 만들어 보아요. 그리고 친구와 가족에게 함께하자고 이야기해 보아요.
여럿이 함께하면 더 큰 힘이 생기고 더 많은 숲이 살아날 수 있잖아요. 숲을 살리는 일은 바로 우리의 생명을 살리는 일이니까요.

임선아

일회용 나무젓가락 대신
쇠 젓가락이나
플라스틱 젓가락을 가지고
다니며 써요.

휴지 대신 손수건을 써요.
손수건이 더러워지면
깨끗이 빨아 쓰고요.

종이는 7번이나
재활용할 수 있으니
꼭 분리수거해요.

종이컵 대신
나만의 컵을 들고 다녀요.
친구에게 자랑도 하고요.

고기 대신 과일과 채소,
견과류를 먹어요.
그러면 예뻐지고 튼튼해져요.

꼭 필요한 물건만 사서
소중히 쓰고
만약 고장 나면 고쳐 써요.

과자나 햄버거를 안 먹으면 좋지만,
만약 힘들면 먹는 횟수와 양을 줄여요.

글·그림 임선아

대학에서 시각디자인을 공부하였고, 어린이책작가교실에서 어린이 책 쓰는 법을 배웠습니다. 이 책은 작가가 글을 쓰고 그림을 그려 만든 첫 책입니다. 앞으로도 재미있고 좋은 어린이 책을 만드는 게 꿈입니다.

감수 와이즈만 영재교육연구소

즐거움과 깨달음, 감동이 있는 교육 문화를 창조한다는 사명으로 우리나라의 수학, 과학 영재교육을 주도하면서 창의 영재수학과 창의 영재과학 교재 및 프로그램을 개발했습니다. 구성주의 이론에 입각한 교수학습 이론과 창의성 이론 및 선진 교육 이론 연구 등에도 전념하고 있습니다. 국내 최고의 사설 영재교육 기관인 와이즈만 영재교육에 교육 콘텐츠를 제공하고 교사 교육을 담당하고 있습니다. 이 책은 강연경 선임연구원이 감수했습니다.